CATALOGUE

DE MÉDAILLES

ANTIQUES ET MODERNES

DU CABINET DE FEU M. DE COTTE.

CATALOGUE

DE MÉDAILLES

ANTIQUES ET MODERNES

DU CABINET DE FEU M. DE COTTE,

ANCIEN DIRECTEUR DE LA MONNOIE DES MÉDAILLES
DE FRANCE.

Dont la Vente se fera en son domicile, rue du
Doyenné, n.° 6, les lundi 8 Octobre 1810 et
jours suivans, à 10 heures précises du matin.

Se distribue

CHEZ M. DEMAUROY, Commissaire-Priseur, rue des
Déchargeurs, n.° 6.

TESTU ET Ce, IMPRIMEURS DE L'EMPEREUR.

1810.

AVERTISSEMENT,

ET

NOTICE BIOGRAPHIQUE

SUR FEU M^r. J. FR. DE COTTE (1).

IL y auroit autant de difficulté que d'inconvenance à annoncer au Public la collection intéressante qui fait l'objet de cette Notice, sans parler du Magistrat éclairé au travail de qui en est due la réunion.

Cet homme respectable par ses mœurs et par ses connoissances, avoit reçu le jour au commencement du siècle dernier, dans le sein d'une famille que son goût pour les Arts distinguoit éminemment au milieu des plus belles époques du règne de Louis XIV.

M. JULES-FRANÇOIS DE COTTE, né à Paris, le 19 avril 1721, étoit fils de Jules De Cotte, Intendant des bâtimens du Roi, et Directeur de la monnoie des médailles, et petit-fils de Jules-Robert, Intendant des bâtimens, arts et manufactures.

Les travaux de ces deux administrateurs ne sont point étrangers à l'histoire de l'art, ni à l'étude de la Numismatique. Les inclinations de M. De Cotte se seroient,

---

(1) Cette Notice nous a été communiquée.

★

dès sa première jeunesse, dirigées uniquement vers cette partie, si les alliances nombreuses qui l'unissoient aux premiers personnages de la Magistrature, n'eussent exigé de sa part le sacrifice d'une partie de ses goûts au service de son Prince et de l'Etat.

M. De Cotte, Conseiller au Parlement en 1740, Président aux Requêtes en 1745, successivement Maître des Requêtes, Intendant du commerce, Rapporteur du tribunal des Maréchaux de France, et enfin Conseiller-d'Etat, traversa cette longue carrière, chargé des travaux les plus importans, tels que la direction de l'Ecole militaire et celle des Ponts et Chaussées; par-tout il se présenta tour-à-tour comme un Jurisconsulte habile, un Magistrat intègre, un Administrateur conciliant : la rectitude de son esprit égaloit la pureté de ses mœurs; une heureuse organisation de la nature l'avoit prémuni contre les passions, en lui laissant une sensibilité exquise qui faisoit le charme de sa société, et prêtoit de la grâce et de l'indulgence aux relations les plus sérieuses ou les plus sévères. C'est au milieu de cette honorable vie que M. De Cotte, entraîné tout à-la-fois par les instances d'un condisciple dont il a été inséparable depuis le collège jusqu'au tombeau (l'abbé Barthélemi), et par celles de leur amie commune, madame la duchesse de Choiseul, s'arracha à ses occupations habituelles, pour faire, avec l'auteur d'Anacharsis, le voyage d'Italie en 1755. M. De Cotte ne pouvoit habiter cette terre classique,

avec de tels hôtes, sans éprouver ces sensations déli-
cieuses réservées exclusivement aux véritables amis des
sciences et des arts.

Cette époque fut, dans la longue carrière de M. De
Cotte, celle pour laquelle il conserva une prédilection
particulière. La collection de médailles, recueillie de
concert avec l'abbé Barthélemi, acquit à ses yeux un
intérêt accru de tous les souvenirs de l'amitié. Nous de-
vons à ces motifs une suite curieuse de moyen bronze (1).

M. De Cotte employa tous ses soins à augmenter cette
belle suite : celle que nous indiquons sous le n°. 144 fut
une acquisition importante ; la réunion des deux pourroit
former une collection générale de moyen bronze, la plus
intéressante de toutes celles connues à Paris.

C'est dans d'aussi douces occupations que M. De Cotte
a vu s'écouler près d'un siècle, durant lequel un petit
nombre d'années orageuses ne put atteindre totalement
son bonheur. Un calme inaltérable qui ne s'est jamais
démenti, une philosophie douce, le pressentiment de
la gloire de sa patrie, ont effacé les regrets que pouvoit
former M. De Cotte sur les nombreuses pertes dont il a
été frappé ; il ne s'est rappelé les malheurs dont il avoit
été la victime, que sous le rapport des témoignages de
dévouement dont sa famille, ses amis, et le plus fidèle

---

(1) Cette suite est décrite sommairement dans notre Notice,
sous le n°. 145.

comme le plus courageux des serviteurs (1), l'ont cons-
tamment environné.

Exempt de toute infirmité, doué d'une mémoire pres-
que surnaturelle qu'il a conservée jusqu'au dernier mo-
ment, ce vieillard nonogénaire a terminé sa carrière le
22 janvier 1810.

---

(1) Le sieur La Bruyère. Le nom d'un homme doué de tant
de vertus peut être proclamé sans crainte par la reconnoissance,
dans quelque position qu'il soit placé.

ORDRE DES VACATIONS.

Iᵉʳᵉ. Vacation. *Le Lundi 8 Octobre* 1810.

Nᵒ. 1 jusqu'au nᵒ. 34. Nᵒˢ. 140, 141. Nᵒ. 146 jusqu'au nᵒ. 154. Nᵒˢ. 161, 190 et 191. Nᵒ. 237 jusqu'au nᵒ. 242.

IIᵉ. Vacation. *Le Mardi* 9.

Nᵒ. 35 jusqu'au nᵒ. 47. Nᵒˢ. 139, 145 et 160. Nᵒ. 180 jusqu'au nᵒ. 189. Nᵒ. 231 jusqu'au nᵒ. 233.

IIIᵉ. Vacation. *Le Mercredi* 10.

Nᵒ. 48 jusqu'au nᵒ. 73. Nᵒ. 74 jusqu'au nᵒ. 96. Nᵒˢ. 142, 158 et 159. Nᵒ. 173 jusqu'au nᵒ. 179 *bis*. Nᵒ. 225 jusqu'au nᵒ. 230.

IVᵉ. Vacation. *Le Jeudi* 11.

Nᵒ. 97 jusqu'au nᵒ. 104. Nᵒˢ. 144 et 157. Nᵒ. 166 jusqu'au nᵒ. 172. Nᵒ. 211 jusqu'au nᵒ. 224.

Vᵉ. Vacation. *Le Vendredi* 12.

Nᵒ. 105 jusqu'au nᵒ. 113. Nᵒ. 156. Nᵒ. 162 jusqu'au nᵒ. 165 *bis*. Nᵒ. 200 jusqu'au nᵒ. 210. Nᵒ. 243.

VIᵉ. Vacation. *Le Samedi* 13.

Nᵒ. 114 jusqu'au nᵒ. 127. Nᵒ. 128 jusqu'au nᵒ. 138. Nᵒ. 143. Nᵒ. 192 jusqu'au nᵒ. 199. Nᵒ. 244 jusqu'au nᵒ. 254.

Dans la même vacation, on vendra un beau groupe en bronze, représentant Apollon et Daphné.

CATALOGUE
DES MÉDAILLES
ANTIQUES ET MODERNES

Du Cabinet de feu M. DE COTTE, ancien Directeur de la Monnoie des Médailles de France.

~~~~~~

PEUPLES, VILLES ET ROIS.

EUROPE.

N°.		Argent.	Bronze.
1.	Espagnols.		1
2.	Gades, de la Bétique.		1
3.	Carteia, ibid.		1
4.	Ilipa, ibid.		1
5.	Emporiae, de la Tarragonèse.	1	2
6.	Chefs Espagnols.	1	3
7.	Massilia, de la Gaule.	4	11
8.	Volcae-Arecomici, ibid.		1
9.	Chefs Gaulois.		6
10.	Cales, de la Campanie.		1
11.	Neapolis, ibid.		2
12.	Brundusium, de la Calabre.		2
~~~~~~

N°.		Argent.	Bronze
13.	TARENTUM, de la Calabre.	1	
14.	BRUTTIENS.		15
15.	LOCRIENS ÉPIZEPHYRIENS.		2
16.	RHEGIUM, des Bruttiens.		3
17.	VALENTIA, ibid.		1
18.	AGRIGENTUM, de la Sicile.	1	1
19.	MAMERTINS. ibid.		4
20.	PANORMUS. ibid.		17
21.	SYRACUSAE, ibid.		9
22.	HIERON I, roi de Sicile.		4
23.	AGATHOCLES, ibid.		5
24.	HIERON II, ibid.		3
25.	GAULOS. île de Sicile.		3
26.	MELITA, ibid.		9
27.	BYZANCE, de Thrace.		1
28.	LYSIMAQUE, roi de Thrace.		1
29.	AEGOS-POTAMOS, de la Chersonèse de Thrace.		1
30.	CARDIA, ibid.	1	
31.	NEA, île de Thrace.		1
32.	THASOS, ibid. (2 médaillons).	2	
33.	MACÉDONIENS. (2 médaillons, l'un avec MAKEΔONΩN. ΠΡΩΤΗΣ., et l'autre avec AESILLAS.)	2	
34.	Ibid.		5
35.	LETE, de Macédoine. (médaillons attribués autrefois à Lesbos).	3	
36.	NEAPOLIS. de Macédoine.	1	
37.	PELLA. ibid.		3
38.	THESSALONIQUE. ibid.		6
39.	PHILIPPUS II, roi de Macédoine. (médaillon).	1	

N°.		Argent.	Bronze.
40.	ALEXANDRE III le Grand. (méd^{ons}.) . .	5	
41.	Ibid (en module ordinaire). . . .	4	
42.	Ibid.		10
43.	PHILIPPE III, Aridée, roi de Macéd.	1	13
44.	CASSANDRE, ibid.		3
45.	ALEXANDRE IV, ibid.		2
46.	ANTIGONE Gonatas, ibid.		3
47.	PHILIPPE V, ibid.		4
48.	THESSALIENS.		3
49.	LARISSA, de Thessalie.		1
50.	APOLLONIA, d'Illyrie.		3
51.	EPIROTES.		2
52.	AMBRACIA, d'Epire.		3
53.	ÆTOLIENS.		2
54.	AXIA, de la Locride.		1
55.	BŒOTIENS. (2 médaillons). . . .	1	3
56.	THEBÆ, de Bœotie.		1
57.	ATHENÆ, d'Attique. (méd^{ons}.) . .	2	14
58.	MEGARA, ibid.		1
59.	MESSÉNIENS.		1
60.	LACEDÆMON, de Laconie.		1
61.	ARGOS, d'Argolide.	2	1
62.	CNOSSUS, de Crète.		2
63.	APTERA, ibid.		1
64.	CYDONIA, ibid.		1
65.	ELEUTHERNÆ, ibid.		1
66.	GORTYNA, ibid.		3
67.	SYBRITIA, ibid.		1
68.	CHALCIS, de l'Eubée. (beau méd^{on}.)	1	1
69.	MELOS, île.		1
70.	JULIS, ibid.		1
71.	SERIPHUS ? ibid. (médaillon). . . .	1	

N°.		Argent.	Bronze.
72.	STIEIUS, de l'Eubée..		2
73.	TENOS, ibid.		2

ASIE.

N°.		Argent.	Bronze.
74.	AMISUS. de Pont..		2
75.	RHESCUPORIS I, roi du Bosphore, au revers de Caligula.		1
76.	MITHRIDATES VI, Eupat., roi de Pont. (médaillon).	1	
77.	NICAEA, de Bithynie, avec les têtes de Gallien, de Salonine et de leur fils.		1
78.	PRUSIAS incertains, rois de Bithynie.		3
79.	ADRAMYTIUM, de Mysie.		1
80.	CYZICUS, ibid.		3
81.	LAMPSACUS, ibid.	1	
82.	MILETOPOLIS, ibid.		1
83.	PERGAMUS. ibid.		4
84.	PHILÉTAIRE, roi de Pergame..		1
85.	ELAEA. d'Eolie.		1
86.	TEMNUS, ibid.		1
87.	MYTILENE. de l'île de Lesbos.		1
88.	PHOCAEA. d'Ionie.		1
89.	SMYRNE, ibid.		28
90.	CHIOS, île d'Ionie.		4
91.	CNIDUS. de Carie..		1
92.	NYSA. ibid.		1
93.	TABAE, ibid.		1
94.	MAUSSOLUS, roi de Carie.	1	
95.	RHODE. île de Carie.	2	5
96.	SARDES, de Lydie..		1

AFRIQUE.

N^{os}.   Argent. Bronze.

135. CYRENE, d'Afrique. 3
136. JUBA, père, roi de Mauritanie. . . . 1
137. LEPTIS, d'Afrique. 4
138. Médailles frappées en Afrique. 2

Total des Médailles des Peuples,
    Villes et Rois. . . . . . . 500.
Savoir : En argent. . . . . 58.
    En bronze. . . . . 442.

MEDAILLES ROMAINES.

FAMILLES.

N°. 139. Deux cent trente-sept Médailles d'argent
des Familles ci-après, savoir :

Acilia.	Cordia.	Mamilia.	Porcia.
Æmilia.	Cornelia.	Marcia.	Procilia.
Antestia.	Cossutia.	Memmia.	Rutilia.
Antia.	Crepusia.	Mussidia.	Saturnia.
Bæbia.	Eppia.	Naevia.	Servilia.
Caesia.	Fabia.	Nonia.	Spuria.
Calpurnia.	Flaminia.	Papia.	Thoria.
Carisia.	Herennia.	Petilia.	Titia.
Cassia.	Hostilia.	Plactoria.	Valeria.
Claudia.	Julia.	Poblicia.	Vibia.
Coelia.	Junia.	Pomponia.	Vicinia, etc.
Considia.	Lucretia.	Postumia.	

N°. 140. Quarante-huit Médailles d'argent de diverses Familles Romaines, formant une suite de Divi-
nités et de Personnages illustres.

IMPÉRIALES D'ARGENT.

N°. 141. Cent soixante-dix-sept Médailles impériales d'argent, savoir :

4 Pompée.	1 Sabine.	6 Philippe, père.
1 Juba, père.	11 Antonin le pieux.	2 Otacile.
6 Jules-César.	10 Faustine, mere.	1 Philippe, fils.
9 Marc—Antoine.	8 Marc-Aurèle.	2 Trajan—Dèce.
35 Auguste.	5 Faustine, jeune.	1 Etruscille.
2 Tibère.	7 Septime Sévère.	1 Trebonien-Galle.
2 Vespasien.	3 Caracalla.	3 Volusien.
2 Titus.	1 Plautille.	3 Valérien, père.
14 Domitien.	2 Géta.	3 Gallien.
2 Nerva.	1 Elagabale.	1 Valérien, jeune.
11 Trajan.	1 Soœmias.	1 Valentinien I.
11 Hadrien.	5 Gordien-pie.	

GRAND BRONZE.

N°. 142. Six cent soixante Médailles impériales de grand bronze, savoir :

2 As réduits.	6 Sabine.	2 Géta.
1 Numa et Ancus (1).	2 Ælius.	7 Mamée.
1 Neron-Drusus.	88 Antonin le pieux.	14 Sév.-Alexandre.
2 Agrippine, mere.	26 Faustine, mere.	12 Maximin.
1 Caligula.	80 Marc—Aurele.	2 Maxime.
4 Claude.	64 Faustine, jeune.	1 Balbin.
4 Néron.	14 Lucius-Verus.	1 Pupien.
2 Galba.	22 Lucille.	35 Gordien-pie.
3 Vespasien.	62 Commode.	19 Philippe, père.
7 Titus.	12 Crispine.	9 Otacile.
8 Domitien.	1 Albin.	5 Philippe, fils.
5 Nerva.	13 Septime-Sévère.	2 Trajan-Dèce.
29 Trajan.	10 Julia Domna.	1 Constantin-Roma.
68 Hadrien.	1 Caracalla.	

(1) Famille romaine.

MOYEN

MOYEN BRONZE.

N°. 143. Une belle suite impériale de moyen bronze, composée de six mille cent dix-neuf médailles; savoir :

3 POMPÉE, dont 2 de coin romain et 1 frappée à Pompeiopolis.

16 JULES-CÉSAR, dont 5 de coin romain et 11 tant grecques que de colonies, savoir :

Corinthus.   Vienna.   Carthago.   Thessalonica.

8 CLÉOPATRE, de Colonies, sa tête accolée ou affrontée à celle de Marc-Antoine.

3 autres avec sa tête seule, frappées en Ægypte.

197 AUGUSTE, dont 96 de coin romain et 101 tant grecques que de colonies; savoir :

Acci.	Carthago-nova.	Nicomédia.
Alexandria, d'Ægyp.	Celsa.	Nicopolis, d'Epire.
Amphipolis, Macéd.	Cos, île.	Osca.
Antiochia sur l'Oront.	Edessa, de Macéd.	Patrae.
Ascalon.	Emerita.	Patricia.
Berytus.	Ergavica.	Segobriga.
Bilbilis–Italica.	Ilerda.	J. Traducta.
Cæsaraugusta.	Italica.	Turiaso.
Cæsarea, de Palestine.	Leptis.	Thessalonica. etc.
Calagurris.	Nicæa, de Bithynie.	

16 LIVIE; 9 de coin romain, dont 3 restituées par Vespasien, et 7 d'Alexandria, Smyrna, Iol et Thessalonica.

8 AUGUSTE et AGRIPPA, de la colonie de Nismes.

7 AUGUSTE et TIBÈRE, dont 3 de coin romain, et 4 d'Alexandrie, d'Ægypte, et des colonies de Tarraco et Turiaso.

2 TIBÈRE et GERMANICUS, au revers d'Auguste.

2 RHŒMETALCES et sa femme, au revers d'Auguste.

10 AGRIPPA; 9 de coin romain, dont 2 restituées par Vespasien et 1 de la colonie de Cæsaraugusta.

1 CAIUS-CÆSAR, au revers d'Auguste.

-9 TIBÈRE; 31 de coin romain, dont 4 restituées par Titus, une autre au revers de Drusus, et 48 tant grecques que de colonies : savoir :

Antiochia sur l'Oront.	Dertosa.	Seleucia, de Syrie.
Bilbilis.	Emerita.	Segobriga.
Cæsaraugusta.	Ergavica.	Thessalia.
Calagurris.	Gracurris.	Thessalonica.
Castantum.	Italica.	Turiaso.
Celsa.	Osca.	Vtica.
Clunia.	Sagontum.	

Plus 3 médailles Spintriennes.

2 JULIE et DRUSUS, au revers de Tibère, colonie de Tarraco.

1 DRUSUS et GERMANICUS, au revers de Tibère, de la colonie de Romulea.

4 NÉRON et DRUSUS, Césars, au revers de Tibère, des colonies de Cæsaraugusta, Carthago-nova et Romulea.

5 DRUSUS, dont 4 de coin romain ; dans le nombre, 2 restitutions de Titus et 1 de la colonie d'Italica.

4 ANTONIA, dont 3 de coin romain et 1 de potin d'Ægypte.

11 GERMANICUS, de coin romain, dont 2 restituées par Titus.

4 NÉRON et DRUSUS, Césars, de coin romain.

23 CALIGULA, dont 10 de coin romain, dans le nombre desquels 3 sont au revers de Claude, et 13 tant grecques que de colonies : savoir.

Acci.	Creta, île.	Samos, île.
Bilbilis.	Ergavica.	Segobriga.
Cæsaraugusta.	Osca.	Sidon.
Carthago-nova.		

56 CLAUDE, dont 22 de coin romain et 34 tant grecques que de colonies ; savoir :

Alexandria, d'Ægyp.	Patrae.	Macedonia.
Antiochia, de Syrie.	Philippi.	Sidon.
Ilium.		

1 ANTONIA et DRUSUS, au revers de Claude.

1 NÉRON et AGRIPPINE, ibid.

1 NÉRON, ibid.

2 AGRIPPINE, jeune, frappées à Alexandrie, d'Ægypte.

134 Néron, dont 82 de coin romain et 52 tant grecques que de colonies ; savoir :

Alexandria.	Carthago.	Patrae.
Antiochia , de Syrie.	Cassandrea.	Thessalonica.
Antiochia , de Cilicie.	Damascus.	Tripolis de Phœnicie.
Babba.	Macedonia.	

   3 Octavie et Néron , dont 2 de coin romain et 1 de potin d'Æ-
   gypte.

   6 Poppée , dont 3 en bronze grec et 3 en potin d'Ægypte.

64 Galba , dont 56 de coin romain et 8 tant grecques que de colonies ;
   savoir : Alexandria d'Ægypte et Antiochia de Syrie.

   7 Othon , dont 2 de grand et moyen bronze d'Antioche , et 5 de
   potin d'Ægypte.

15 Vitellius , de coin romain.

138 Vespasien , dont 105 de coin romain et 33 tant grecques que de
   colonies ; savoir :

Alexandria . d'Ægyp.	Cassandrea.	Judæa.
Antiochia , de Syrie.	Cyprus, île.	Macedonia.
Ascalon.	Ephesus.	Philippi.
Berytus.		

   2 Médailles latines de fabrique coloniale de Vespasien , ayant l'une
   la tête de Titus et l'autre celle de Domitien au revers.

109 Titus , dont 94 de coin romain et 15 tant grecques que de colonies ; savoir :

Alexandria , d'Ægyp.	Judæa.	Agrippa II , roi de
Antiochia , de Syrie.	Lappa , de Crète.	Judée.

   5 Julie , fille de Titus , de coin romain.

102 Domitien , dont 53 de coin romain et 49 tant grecques que de
   colonies ; savoir :

Agrippa II , roi de Ju- dée.	Bithynia. Cæsarea , de Cappad.	Laodicæa . de Syrie. Macedonia.
Alexandria , d'Ægyp.	Cassandrea.	Patrae.
Antiochia , de Syrie.	Corinthus.	Perinthus.
Berytus.	Ephesus.	

   3 Domitia , dont 1 de coin romain et 2 grecques de Cotiœum et
   d'Ephesus.

28 Nerva , dont 21 de coin romain et 7 d'Antiochia , de Syrie.

214 TRAJAN. dont 126 de coin romain et 88 tant grecques que de colonies, savoir.

Alexandria. d'Egyp.	Cyprus. ile	Lacedæmon.
Antiochia. de Syrie.	Creta. ibid.	Laodicæa. de Syrie.
Aradus. ile.	Cyrenas.	Sidon.
Berœa.	Dora.	Seleucia. de Syrie.
Berytus.	Gabala.	Sepphoris.
Chalcis. de Syrie.	Gortyna.	Thessalonica.

295 HADRIEN. dont 221 de coin romain et 74 tant grecques que de colonies. savoir :

Alexandria. d'Ægyp.	Chalcis, de Syrie.	Hieropolis. de Phryg.
Antiochia. de Syrie.	Corinthus.	Lacedæmon.
Ascalon.	Damascus.	Miletus.
Berytus.	Ephesus.	Sidon.
Bithynia.	Hadrianotheræ.	Tripolis. de Phœnic.

27 SABINE. dont 22 de coin romain. dans le nombre desquelles 3 sont au revers d'Hadrien et 5 grecques d'Alexandria d'Ægypte et de Byzantium.

2 ANTINOÜS. frappées a Alexandrie. d'Égypte.

11 ÆLIUS. dont 10 de coin romain et 1 d'Alexandrie.

309 ANTONIN-LE-PIEUX. dont 210 de coin romain et 99 tant grecques que de colonies, savoir.

Ælia-Capitolina.	Corinthus.	Nicœa. die.
Alexandria. d'Ægyp.	Cyrrhus.	Pessinus.
Antiochia. de Syrie.	Damascus.	Samosata.
Berœa.	Emisa.	Synnada.
Berytus.	Hadrianopolis.	Tripolis.
Cæsarea. de Phœnic.	Hieropolis, de Syrie.	Tyana.
Cæsarea. de Cappad.	Laodicœa. ibid.	Zeugma.
Corcyra. ile.	Macedonia.	

10 ANTONIN. au revers de Marc-Aurèle. dont 6 de coin romain et 4 grecques.

63 FAUSTINE, mère. dont 62 de coin romain et 1 grecque.

2 GALÈRE-ANTONIN. grecques. au revers de Faustine. mère.

239 MARC-AURÈLE, dont 167 de coin romain et 72 tant grecques que de colonies. savoir:

Ælia-Capitolina.	Antiochia. de Pisidie.	Berytus.
Alabanda.	Antiochia. de Syrie.	Byzantium.
Alexandria. d'Ægyp.	Antiochia. de Decap.	Cæsarea, de Cappad.

Cæsarea , de Phœnic.	Macedonia.	Pompeiopolis.
Carrhæ.	Nicæa.	Pontus.
Corinthus.	Nicomedia.	Stobi.
Cyrrhus.	Nysa , de Carie.	Thessalonica.
Eumenia.	Parium.	Tripolis, de Phœnicie.
Gadara.	Patræ.	Troas.
Harpasa.	Philippopolis , de Thr.	Zeugma.
Hieropolis.		

2 MARC-AURÈLE , au revers de Faustine , de coin romain.

8 MARC-AURÈLE , au revers de Lucius-Vérus , dont 2 de coin romain et 6 grecques , savoir :

Aradus.	Doliche.	Nicomedia.

57 FAUSTINE , jeune , dont 47 de coin romain et 10 tant grecques que de colonies , savoir :

Alexandria , d'Ægyp.	Macedonia.	Philippopolis , de
Cæsarea, de Palestine.	Mæonia.	Thrace.

89 LUCIUS-VERUS , dont 47 de coin romain et 42 tant grecques que de colonies , savoir :

Alexandria , d'Ægyp.	Corinthus.	Prusia.
Antiochia , de Syrie.	Cyrrhus.	Samosata.
Antiochia , de Décap.	Hieropolis , de Syrie.	Serdica.
Cæsarea , de Cappad.	Macedonia.	Thessalonica.
Carrhæ.	Neapolis, de Palestine.	Tyana.
Chalcis , de Syrie.	Perinthus.	Zeugma.

21 LUCILLE , dont 20 de coin romain et 1 frappée à Smyrne.

154 COMMODE , dont 98 de coin romain et 56 tant grecques que de colonies , savoir :

Alexandria , d'Ægyp.	Corcyra , île.	Nicomedia.
Berytus.	Corinthus.	Patræ.
Byblus.	Cyrrhus.	Pella.
Cæsarea , de Cappad.	Cyzicus.	Philippi.
Cæsarea , de Comma-	Ephesus.	Samos , île.
gène.	Hieropolis, de Syrie.	Thessalonica.
Cæsarea, de Palestine.	Nicæa , de Bithynie.	

15 CRISPINE , dont 10 de coin romain et 5 grecques , savoir :

Ilium.	Nicomedia.	Thyatira.

8 PERTINAX , de coin romain.

1 TITIANE , d'Alexandrie d'Ægypte.

2 DID. JULIEN , de coin romain.

1 MANLIA-SCANTILLA , ibid.

2 PESCENNIUS-NIGER . (Médailles grecques refaites).

4 ALBIN . de coin romain.

105 SEPTIME-SÉVÈRE . dont 46 de coin romain et 59 tant grecques
que de colonies , savoir :

Abgare , roi d'Edesse.	Berytus.	Nicopolis.
Arrasus.	Cæsarea . de Cappad.	Patrae.
Amasia.	Cæsarea–Panias.	Ptolemais.
Anchialus.	Corcyra . île.	Stobi.
Antiochia. de Pisidie.	Cyzicus.	Tavium.
Antiochia. de Syrie.	Heliopolis.	Thessalonica.
Antiochia. de Comma-	Laodicea . de Syrie.	Thyatira.
gène.	Marcianopolis.	Troas.
Argos . d'Argolide.	Nicæa.	

67 JULIA-DOMNA , dont 29 de coin romain et 38 tant grecques que
de colonies , savoir :

Alexandria . d'Ægyp.	Flaviopolis. de Cilicie.	Smyrna.
Antiochia, de Pisidie.	Hypæpa.	Stobi.
Berytus.	Ilium.	Tabæ.
Cæsarea . de Cappad.	Metropolis , d'Ionie.	Thessalonica.
Corcyra . île.	Mytilene.	Trajanopolis, de Phry-
Cyzicus.	Naxos . île.	gie.
Emisa.	Serdica.	

194 CARACALLA , dont 63 de coin romain et 131 tant grecques que
de colonies , savoir :

Alabanda.	Edessa , de Mésop.	Samos , île.
Alexandria . d'Ægyp.	Gythium.	Samosata.
Antiochia, de Syrie.	Hadrianopolis.	Sardes.
Berytus.	Heliopolis.	Sebaste.
Byzantium.	Marcianopolis.	Sestos.
Cæsarea , de Cappad.	Midæum.	Tabala.
Cidyessus.	Nacrasa.	Tarsus.
Corcyra . île.	Nicopolis ad. ist.	Thessalia.
Corinthus.	Patræ.	Tomi.
Cyrrhus.	Pella . de Macéd.	Tripolis, de Phœnicie.
Cyzicus.	Perinthus.	Troas.
Damascus.	Prusia.	Tyana.

13 PLAUTILLE , dont 3 de coin romain et 10 tant grecques que de
colonies , savoir :

Ægae, d'Eolie.	Corcyra . île.	Corinthus.

39 GÉTA , dont 26 de coin romain et 13 tant grecques que de colonies , savoir :

Amasia.	Heliopolis.	Smyrna.
Amphipolis.	Heraclea, de Pont.	

31 MACRIN, dont 20 de coin romain et 11 tant grecques que de colonies, savoir :

Ælia-Capitolina.	Berytus.	Gabala.
Alexandria, d'Ægyp.	Cyzicus.	Samos, île.

10 DIADUMÉNIEN, dont quatre de coin romain et 9 tant grecques
que de colonies, savoir :

Cæsarea, de Palestine.	Macedonia.	Thessalonica.
Byblus.		

87 ELAGABALE, dont 29 de coin romain et 58 tant grecques que de
colonies, savoir :

Alexandria, d'Ægyp.	Gaza.	Sidon.
Antiochia, de Syrie.	Laodicæa, de Syrie.	Thessalonica.
Berytus.	Leucas, ibid.	Tripolis, de Phœnic.
Chalcedon.	Marcianopolis.	Tyrus.
Edessa, de Macéd.	Philippopolis, de Thr.	Zeugma.

7 J. PAULA, dont 2 de coin romain et 5 grecques, savoir :

Alexandria, d'Ægyp.	Cæsarea, de Commag.	Thessalonica.

7 AQUILIA-SEVERA, dont 4 de coin romain et 3 grecques, savoir :

Thessalonica.	Tyrus.

6 SOÆMIAS, dont 4 de coin romain et 2 grecques, savoir :

Aspendus.	Tripolis, de Phœnicie.

11 MÆSA, dont 6 de coin romain et 5 grecques, savoir :

Alexandria, d'Ægyp.	Gythium.	Thessalonica.

170 SÉVÈRE-ALEXANDRE, dont 76 de coin romain et 94 tant grecques que de colonies, savoir :

Adramytium.	Edessa, de Macéd.	Samos.
Alexandria, d'Ægyp.	Ephesus.	Sidon.
Amphipolis, de Mac.	Laodicæa, de Phrygie.	Smyrna.
Antiochia, de Syrie.	Macedonia.	Tarsus.
Bostra.	Marcianopolis.	Tomi.
Cæsarea, de Cappad.	Nicæa.	Thessalonica.
Cæsarea, de Palestine.	Nicomedia.	Thyatira.
Carrhae.	Nysa, de Carie.	Tripolis, de Phœnicie
Deultum.	Pella, de Macédoine.	Troas.
Edessa, de Mésop.		

2 MAMÉE et SÉVÈRE-ALEXANDRE, de coin romain.

2 ORBIANA, de coin romain.

30 MAMÉE, dont 15 de coin romain et 15 tant grecques que de colonies, savoir :

Alexandria, d'Egyp. Magnesia, de Lydie. Thessalonica.
Edessa, de Mesop. Nicæa.

39 MAXIMIN, dont 24 de coin romain et 15 tant grecques que de colonies, savoir :

Alexandria, d'Egyp. Thessalonica. Troas.
Pella.

12 MAXIME, dont 4 de coin romain et 8 grecques, savoir :

Corinthus. Nicæa. Samos, île.

1 GORDIEN d'Afrique, faux, de Samos.

4 BALBIN, de coin romain.

5 PUPIEN, ibid.

109 GORDIEN-PIE, dont 51 de coin romain et 58 tant grecques que de colonies, savoir :

Abgare, roi d'Edesse. Colophon. Samos, île.
Aemonia. Gadara. Sardes.
Alexandria, d'Egyp. Germe, de Mysie. Stratonicæa.
Alia. Mastaura. Singara.
Berytus. Midæum. Tomi.
Cæsarea, de Cappad. Odessus. Thessalonica.
Carrhae. Pella, de Macéd. Viminacium.

10 TRANQUILLINA, dont 1 de coin romain et 9 tant grecques que de colonies, savoir :

Alexandria, d'Egyp. Pella. Samos, île.
Cæsarea, de Cappad. Perinthus. Side.
Deultum.

57 PHILIPPE, père, dont 27 de coin romain et 30 tant grecques que de colonies, savoir :

Alexandria, d'Egyp. Edessa, de Macéd. Perga.
Antiochia, de Pisidie. Laodicæa, de Syrie Sardes.
Damascus. Nicomedia. Tyrus.
Dorylaeum. Pella, de Macedoine. Zeugma, etc.

16 OTACILLE, dont 8 de coin romain et 8 grecques, savoir :

Alexandria, d'Egyp. Cotiæum. Magnesia, de Lydie.
Cadi.

22 PHILIPPE, fils, dont 10 de coin romain et 12 tant grecques que de colonies, savoir :

Alexandria, d'Egyp. Antiochia, de Syrie. Nicopolis, d'Epire
Samo.

Samos , île.   Sardes.   Viminacium.
Samosata.

  1 MARIN , de Philippopolis.

  31 TRAJAN-DÈCE , dont 14 de coin romain et 17 tant grecques que de colonies , savoir :

Alexandria,d'Ægypte.   Antiochia , de Pisidie.   Samos.
Antiochia , de Syrie.   Rhesaena.   Viminacium.

  9 HERENNIUS-ETRUSCUS , dont 3 de coin romain et 6 tant grecques que de colonies , savoir :

Antiochia , de Syrie.   Thessalonica.   Viminacium.
Nicæa.

  4 HOSTILIEN , dont 2 de coin romain et 2 de Viminacium.

  24 TRÉBONNIEN-GALLE , dont 12 de coin romain et 12 tant grecques que de colonies , savoir :

Alexandria,d'Ægypte.   Damascus.   Perinthus.
Antiochia , de Syrie.   Laodicæa , de Syrie.   Viminacium.
Cæsarea , de Palest.

  16 VOLUSIEN , dont 10 de coin romain et 6 grecques , savoir :

Alexandria,d'Ægypte.   Neapolis , de Palest.   Troas.
Damascus.   Tarsus.

  47 VALÉRIEN , père , dont 11 de coin romain et 36 tant grecques que de colonies , savoir :

Alexandria,d'Ægypte.   Heliopolis.   Samos , île.
Ancyra.   Hypæpa.   Smyrna
Cyme , d'Æolie.   Nicæa.   Stratonicæa.
Ephesus.   Nysa , de Carie.   Troas.
Hadrianopolis.

  1 VALÉRIEN et GALLIEN , en regard , de coin romain.

  1 VALÉRIEN , GALLIEN et VALÉRIEN , jeune , frappées à Nicomédie.

  2 MARINIANA , de coin romain.

100 GALLIEN , dont 23 de coin romain et 77 grecques , savoir :

Alexandria,d'Ægypte.   Cyzicus.   Prusia.
Antiochia , de Pisidie. Ephesus.   Samos , île.
Apamea , de Syrie.   Heliopolis.   Serdica.
Aphrodisias.   Magnesia, d'Ionie.   Smyrna.
Byzantium.   Nicæa.   Tralles.
Cius.   Nysa.   Troas.

1 GALLIEN et SALONINE, en regard, de coin romain.

33 SALONINE, dont 4 de coin romain et 29 grecques, savoir :

Alexandria, d'Egypte. Nicæa. Smyrna.
Ephesus. Samos, île. Tabæ.
Hypæpa.

6 SALONIN, dont 2 de coin romain et 2 grecques, savoir :
Alexandria. Samos.

2 VALÉRIEN, jeune, de coin romain.

52 POSTUME, ibid.

3 MACRIN, jeune, d'Alexandria et Nicæa.

2 QUIÉTUS, de Nicæa.

2 TETRICUS, père, de coin romain.

34 CLAUDE-LE-GOTHIQUE, dont 1 de coin romain et le surplus
d'Alexandrie d'Egypte.

1 QUINTILLUS, de coin romain.

22 AURÉLIEN, dont 1 de coin romain et le surplus d'Alexandrie.

1 SÉVERINE, au revers d'Aurélien, de coin romain.

5 VABALATHE, au revers d'Aurélien, d'Alexandrie.

8 SÉVERINE, dont 4 de coin romain et 4 d'Alexandrie.

3 TACITE, dont 1 de coin romain et 2 d'Alexandrie.

1 FLORIEN, de coin romain.

25 PROBUS, dont 5 de coin romain et le surplus d'Alexandrie.

3 CARUS, d'Alexandrie.

8 CARINUS, dont 1 de coin romain et le surplus d'Alexandrie.

6 NUMÉRIEN, d'Alexandrie.

2 DOMITIUS-DOMITIANUS, de coin romain.

246 DIOCLÉTIEN, dont 207 de coin romain et 39 d'Alexandrie.

273 MAXIMIEN-HERCULE, dont 242 de coin romain et 31 d'A-
lexandrie d'Ægypte.

186 CONSTANCE-CHLORE, dont 185 de coin romain et 1 d'Alexandrie
d'Ægypte.

37 SÉVÈRE, de coin romain.   151 MAXIMIN-DAZA.

235 GAL. MAXIMIEN, ibid.   71 LICINIUS, père.

30 VALÉRIE.   1 LICINIUS, fils.

68 MAXENCE.   134 CONSTANTIN I.

7 ROMULUS.   1 FAUSTA.

1 CRISPUS.
1 CONSTANTIN, jeune.
54 CONSTANT.
98 CONSTANCE II.
2 NÉPOTIEN.
7 VETRANION.
66 MAGNENCE.
24 DECENCE.
19 CONSTANCE, jeune.
17 JULIEN, Apostat.
1 JOVIEN.
22 VALENTINIEN I.
1 VALENS.
17 GRATIEN.
11 VALENTINIEN, jeune.
38 THEODOSE.
9 FLACILLE.
10 MAG. MAXIMUS.
19 ARCADIUS.
10 HONORIUS.
11 THEODOSE, jeune.
10 ANASTASE.
15 JUSTINIEN.
3 THEODAHAT.
1 BADUELA.
8 JUSTIN, jeune.
14 TIB. CONSTANTIN.
4 MAURICE.

3 FOCAS.
8 HERACLIUS.
18 CONSTANTIN-Pog.
1 LEON-ISAUR.
5 LEON-ISAUR et CONST.-CO-
   PRONYME.
1 MICHEL-Rang.
1 MICHEL II, Balbus.
3 MICHEL et THEOPHILE.
2 THEOPHILE.
2 BASILE.
1 MICHEL III.
2 BASILE, CONST. et LEON.
4 LEON VI, le Sage.
2 LEON et ALEXANDRE.
1 BASILE et CONST.
2 CONSTANTIN-Porphyr
2 ROMAIN, jeune.
2 CONSTANTIN-Porphyr. et
   ZOÉ.
11 JEAN-ZIMISCES.
1 NICEPHORE-BOTANIATES.
4 JEAN-COMNENE.
5 MANUEL-COMNENE.
1 ISAAC-ANGE.
13 ALEXIS-ANGE.
1 ALEXIS-COMNENE.

RÉCAPITULATION.

Médailles de coin romain. . · . . . . 4267.
Médailles grecques et de colonies. . . . . 1852.

TOTAL. . . . . 6119.

No. 144. **Autre suite impériale de moyen bronze**, commençant à **Pompée** et finissant à **Romain I** inclusivement.

Cette suite est composée de 1764 médailles, savoir : 977 de coin romain, et 787 tant grecques que de colonies. Indépendamment de la belle conservation et de la variété des types, cette collection est encore remarquable par un très-grand nombre de médailles rares et intéressantes ; savoir :

2 CLÉOPATRE, frappées en Ægypte.

1 AUGUSTE, restituée par Titus.

1 AGRIPPA, restituée par Domitien.

2 POPPÉE, grecques.

2 OTHON, l'une d'Antioche et l'autre d'Alexandrie d'Ægypte.

2 JULIE, fille de Titus, de coin romain.

2 HADRIEN, l'une d'Hadrianopolis et l'autre de **Lacedæmon.**

1 ANTONIN-LE-PIEUX, frappée à Savatra.

1 DIDE-JULIEN, de coin romain.

2 ALBIN, ibid.

1 PERTINAX, ibid.

1 SEPTIME-SEVÈRE, de Nicopolis d'Epire.

3 MACRIN et DIADUMÉNIEN, de Béryte.

1 PAULA, de coin romain.

4 SOAEMIAS, ibid.

1 MAXIME, d'Alexandria-Troas.

1 ZÉNOBIE, d'Alexandrie d'Ægypte, etc. etc.

N°. 145. Une autre petite suite impériale de moyen bronze, commençant à Auguste et finissant à Constant. I inclusivement, composée de 849 médailles bien conservées, savoir 793 de coin romain et 56 tant grecques que de colonies ; dans le nombre de ces dernières, sont deux d'Antinoüs et une de Tacite, frappées à Alexandrie.

PETIT BRONZE.

N°. 146. Autre suite impériale de petit bronze, de coin romain, composée de 1070 médailles bien conservées, commençant à Auguste et finissant à Justinien inclusivement.

MÉDAILLES FAUSSES.

N°. 147. Onze médailles fausses d'argent; sujets grecs.

N°. 148. Trente-quatre médailles de bronze fausses et de coin moderne; sujets grecs.

N°. 149. Trente-quatre autres médailles de bronze, fausses et de coin moderne; sujets grecs.

N°. 150. Cent quarante médailles fausses en étain et de coin moderne, tant frappées que coulées; sujets grecs et romains.

N°. 151. Cent cinq médaillons et médailles de coin moderne, en bronze; Empereurs romains.

N°. 152. Cinquante-six médailles de coin moderne, de divers Empereurs romains et d'autres personnages illustres de l'antiquité.

N°. 153. Soixante-seize autres médailles de coin moderne, tant de Philosophes que d'Empereurs romains.

N°. 154. Vingt-trois médailles frustes, de coin romain, en grand, moyen et petit bronze, et une petite tessère d'ivoire représentant une tête barbue.

MÉDAILLES ET MONNOIES MODERNES.

Or.

N°. 155. Trente-six pièces, tant médailles que monnoies, savoir : de France, de Russie, de Prusse, d'Espagne, de Sardaigne et d'Angleterre.

N°. 156. Vingt-sept autres médailles et monnoies, toutes de France, dont deux pied-forts de Louis XIII.

N°. 157. Vingt-quatre médailles et monnoies de différens pays, savoir : de France, de Russie et d'Espagne; dans le nombre des monnoies de France, un octuple et un décuple de Louis XIII, bien conservés.

N°. 158. Vingt-deux médailles et monnoies de France, d'Autriche et d'Espagne; parmi les monnoies de France, se trouve le bel écu d'or de Louis XV.

N°. 159. Quarante-quatre pièces, tant médailles que monnoies de différens pays, savoir : de France, d'Autriche, de Hongrie, du Saint-Siège, d'Espagne, de Portugal et de Suède; plus une médaille Celtique.

N°. 160. Trente-quatre autres pièces, tant médailles que monnoies de différens états, savoir : Florence, Rome, Naples, Venise, Milan, Turin et Genève; quelques médailles patriotiques du Brabant.

N°. 161. Huit médailles et monnoies de Savoie.

Argent.

N°. 162. Trois cent vingt-trois médailles, formant la suite complète et uniforme de Louis XIV.

N°. 163. Une grande médaille de Louis XIV, ayant pour type le soleil, avec cette légende : *Nobis decor omnis ab illo.*

N°. 164. Trois cent soixante-sept médailles, formant la suite complète et uniforme de Louis XV.

N°. 165. Trois médailles de France, savoir : d'Henri IV, de Louis XIV et de Louis XV.

N°. 165 *bis.* Vingt-quatre médailles de la suite uniforme de Louis XV.

N°. 166. Onze médailles de France de Louis XV, de Louis XVI et de plusieurs personnages illustres.

N°. 167. Seize médailles de France, représentant plusieurs hommes illustres.

N°. 168. Dix - neuf médailles de France, tant de Louis XIV et Louis XV, que d'autres personnages de leur famille.

N°. 169. Dix grandes médailles de Louis XV et Louis XVI ; types différens.

N°. 170. Mélange de dix-huit pièces, tant médailles que jetons de France, savoir : de Louis XIV, de Louis

XV, pièces relatives à la révolution, et une médaille
de Jules III.

Nº. 171. Autre mélange de quatorze médailles, tant
frappées que coulées, savoir : quelques pièces allégo-
riques et satiriques ; une de Luther ; d'autres des ducs
de Saxe et de Nassau ; on remarque dans le nombre un
pied-fort de Christian II, duc de Saxe.

Nº. 172. Autre mélange de quarante-neuf médailles
et monnoies de différens pays, savoir : de France,
d'Autriche, de Saxe, d'Espagne, de la Belgique et
du Saint-Siége, etc.

Nº. 173. Autre mélange de dix-neuf médailles de
France, savoir : de Charles X, de Louis XIV, de
Louis XV, de M. de Maurepas ; la Liberté de l'Amé-
rique, et une médaille de l'Empereur et Roi, frappée
par la ville de Marseille.

Nº. 174. Autre mélange composé de vingt-une médailles de différens modules, savoir : de Louis XIV, de
Louis XV, de Louis XVI ; d'Anne d'Autriche, et de
plusieurs pièces relatives à la révolution.

Nº. 175. Autre melange de douze pièces, tant médailles que jetons de différens modules, représentant
divers personnages, savoir : Léonard de Vinci, Louis
XV, le duc de Saxe-Gotha, Mlle. Clairon, etc.

Nº. 176. Autre mélange de douze médailles de différens modules, représentant Louis XVI, l'infant d'Espagne, Lock, Newton, M. de Suffren, le prince Ga-
litzin, Mlle. Clairon, etc.

Nº. 177. Autre mélange de dix-neuf médailles de
modules différens, savoir : Henri IV, Crébillon,
Amende III,

Amende III, roi de Sardaigne ; Marie-Thérèse, Louis XVI ; plusieurs pièces relatives à la révolution, et une médaille du maréchal de Saxe, plaquée en argent.

N°. 178. Autre mélange de trente-une médailles de différens modules, savoir : Louis XIV, Louis XV, Louis XVI, M. de Lafayette, M. Bailly, etc. et quelques pièces relatives à la révolution.

N°. 179. Autre mélange de vingt-neuf médailles, types et modules différens, savoir : de Louis XV, Louis XVI, M. de Suffrin, le docteur Franklin, Montgolfier, Charles, Robert, etc.

N°. 179 *bis*. Cent quarante-sept médailles de différens modules, de la suite des Papes.

N°. 180. Soixante jetons de la suite de Dacier, représentant les personnages illustres de Rome ancienne.

N°. 181. Soixante-huit jetons, de modules différens, frappés pour divers corporations et personnages.

N°. 182. Cinquante-trois autres jetons octogones, de diverses corporations, sociétés et personnages.

N°. 183. Vingt-neuf autres jetons de forme ronde, *ibid*.

N°. 184. Cent huit jetons octogones, frappés pour la famille de M. De Cotte.

N°. 185. Vingt-deux monnoies de France, de divers modules, dans le nombre desquelles sont six pied-forts d'Henri III, Charles IX, Louis XIII et Louis XIV.

N°. 186. Vingt-deux quarts de piastres.

N°. 187. Huit petites pièces de monnoies de différens états.

N°. 188. Six pièces de monnoies de Savoie, de différens modules.

N°. 189. Soixante-deux pièces de monnoies de tous modules, de France, d'Allemagne, d'Espagne et autres pays.

N°. 190. Deux cent treize pièces de monnoies, de tous modules et de différens états.

Platine.

N°. 191. Deux médailles d'un grand diamètre, l'une représentant Sa Majesté l'Empereur et Roi, et l'autre M. Bailly.

Bronze.

N°. 192. Deux cent cinquante-trois médailles de grand module, formant la suite complète de Louis XIV. (Têtes et revers dorés).

N°. 193. Suite complète des médailles de Louis XIV, module uniforme.

N°. 193 *bis.* Autre suite uniforme de Louis XV complète; plus, 12 de grand module.

N°. 194. Trois cent sept médailles de la suite uniforme de Louis XIV.

N°. 195. Trois cent cinquante-cinq médailles de la suite uniforme de Louis XIV.

N°. 196. Cent seize médailles de la suite uniforme de Louis XIV.

N°. 197. Cent six médailles de la suite uniforme de Louis XV. (Têtes et revers dorés).

N°. 198. Cent une médailles de la suite uniforme de Louis XV, à l'exception de deux de modules différens.

N°. 199. Cent trente-cinq médailles de la suite uniforme de Louis XV.

Nº. 200. Deux cent dix-huit médailles de la même suite.

Nº. 201. Cent vingt-cinq médailles, *ibid.*

Nº. 202. Cent vingt-cinq médailles, *ibid.*

Nº. 203. Cent vingt-cinq médailles, *ibid.*

Nº. 204. Mélange de soixante-seize médailles et jetons de France.

Nº. 205. Mélange de cinquante-huit médailles de France, de divers modules.

Nº. 206. Autre mélange de soixante-cinq médailles de France, de divers modules.

Nº. 207. Autre mélange de vingt médailles de différens modules, savoir : Paul-Jones, Catherine II, le père Quesnel, Louis XIV, Louis XV, Louis XVI, etc.

Nº. 208. Trente-trois médailles satiriques du même coin (dites de la calotte).

Nº. 209. Cent soixante-seize médailles de modules uniformes, formant une suite des Empereurs d'Allemagne.

Nº. 210. Trente-cinq médailles de la suite des ducs de Lorraine.

Nº. 211. Soixante-cinq jetons de la suite de France, des première, seconde et troisième dynasties. (Têtes dorées).

Nº. 212. Soixante-cinq autres jetons de la même suite. (Têtes dorées).

Nº. 213. Suite complète des jetons de France, des première, seconde et troisième dynasties.

No. 214. Autre suite de jetons semblables.

No. 215. Autre, *ibid.*

No. 216. Autre, *ibid.*

No. 217. Autre, *ibid.*

No. 218. Autre, *ibid.*

No. 219. Autre, *ibid.*

No. 220. Autre, *ibid.*

No. 221. Autre, *ibid.*

No. 222. Autre, *ibid.*

No. 223. Autre, *ibid.*

No. 224. Autre, *ibid.*

No. 225. Suite complète des jetons de France, des première, seconde et troisième dynasties.

No. 226. Autre, *ibid.*

No. 227. Autre, *ibid.*

No. 228. Autre, *ibid.*

No. 229. Autre, *ibid.*

No. 230. Trois autres suites incomplètes des jetons de France.

No. 231. Suite complète des jetons de France, des première, seconde et troisième dynasties. (Cuivre jaune).

No. 232. Vème suite.

No. 233. Autre, *ibid.*

No. 234. Autre, *ibid.*

No. 235. Autre, *ibid.*

No. 236. Autre, *ibid.*

No. 237. Quatre cent cinquante-deux jetons frappés pour diverses corporations et sociétés, etc.

No. 238. Mélange de cent vingt-huit pièces, tant jetons que médailles de Louis XIV, de Louis XV et Louis XVI ; quelques médailles relatives à la révolution, et plusieurs flancs propres au monnoyage.

N°. 239. Mélange de cent quarante-six pièces de monnoies de différens pays.

N°. 240. Quinze médaillons, tant en bronze qu'en étain, représentant Marc-Aurèle, Louis XII, Charles-Quint, Henri IV, etc.

Métal de composition.

N°. 241. Deux cent quatre-vingt-quatorze médailles de la suite uniforme de Louis XIV.

N°. 242. Quatre-vingt-une médailles de même métal, de la suite uniforme de Louis XV.

Poinçons et carrés.

N°. 243. Soixante-cinq poinçons de têtes ;
Soixante-cinq carrés de têtes ;
Soixante-cinq carrés de revers ;
Le tout servant à la suite des jetons des première, seconde et troisième dynasties de France.

Objets divers.

N°. 244. Plusieurs portraits dorés, en écaille fondue et dans leur monture de bois d'ébène, savoir : François I, Charles - Quint, Henri IV, Sully, etc. Deux grandes médailles clichées en étain, et un grand médaillon de bronze ciselé et doré, représentant le Dauphin et sa famille.

N°. 245 Dix-neuf petites planches de cuivre bronzé appliquées sur carton, représentant divers sujets religieux.

N°. 246. Trente-une dames à jouer, en buis et ébène, ornées de types de médailles gravés autour.

N°. 247. Un coffre à huit tiroirs, contenant des
échantillons de marbre.

N°. 248. Un beau médailler d'acajou, à dessus de
marbre, composé de 82 tiroirs sur deux colonnes (1).

N°. 249. Autre médailler d'acajou, en deux parties,
avec bronzes dorés; la partie supérieure est composée
de 72 tiroirs sur deux colonnes, et la partie inférieure
forme commode à trois tiroirs.

N°. 250. Deux beaux médaillers d'acajou, ornés cha-
cun d'un bas-relief en bronze doré, avec 19 tiroirs et
boutons de cuivre.

N°. 251. Autre petit médailler en coffre, orné de
bronzes dorés, avec 7 tiroirs garnis de velours dans
l'intérieur, et des divisions en cuivre doré.

N°. 252. Deux autres médaillers en bois de palissan-
dre et à marquetterie, avec 9 tiroirs garnis de velours.

N°. 253. Deux petits médaillers d'acajou, ayant cha-
cun 15 tiroirs garnis de leurs boutons de cuivre, et une
petite console en acajou.

N°. 254. Autre petit médailler en bois noirci, avec
16 tiroirs.

---

(1) Ce médailler pourra être vendu avec la collection décrite sous
le n°. 143.

F I N.